NOTICE

SUR

M. CHARLES DELACOUR

Juge honoraire,
Ancien Vice-Président du Bureau de Bienfaisance,
Administrateur de la Caisse d'Épargne,
Président honoraire de la Société d'Horticulture de Beauvais,
Président honoraire de la Société Académique de l'Oise,
Chevalier de la Légion-d'Honneur,

PAR

L.-E. DELADREUE,

Curé de Saint-Paul,

Membre correspondant du Ministère de l'Instruction publique,
Membre de la Société des Antiquaires de Picardie
et de la Société Académique de l'Oise, etc.

BEAUVAIS

Imprimerie D. PÈRE, rue Saint-Jean.

1883.

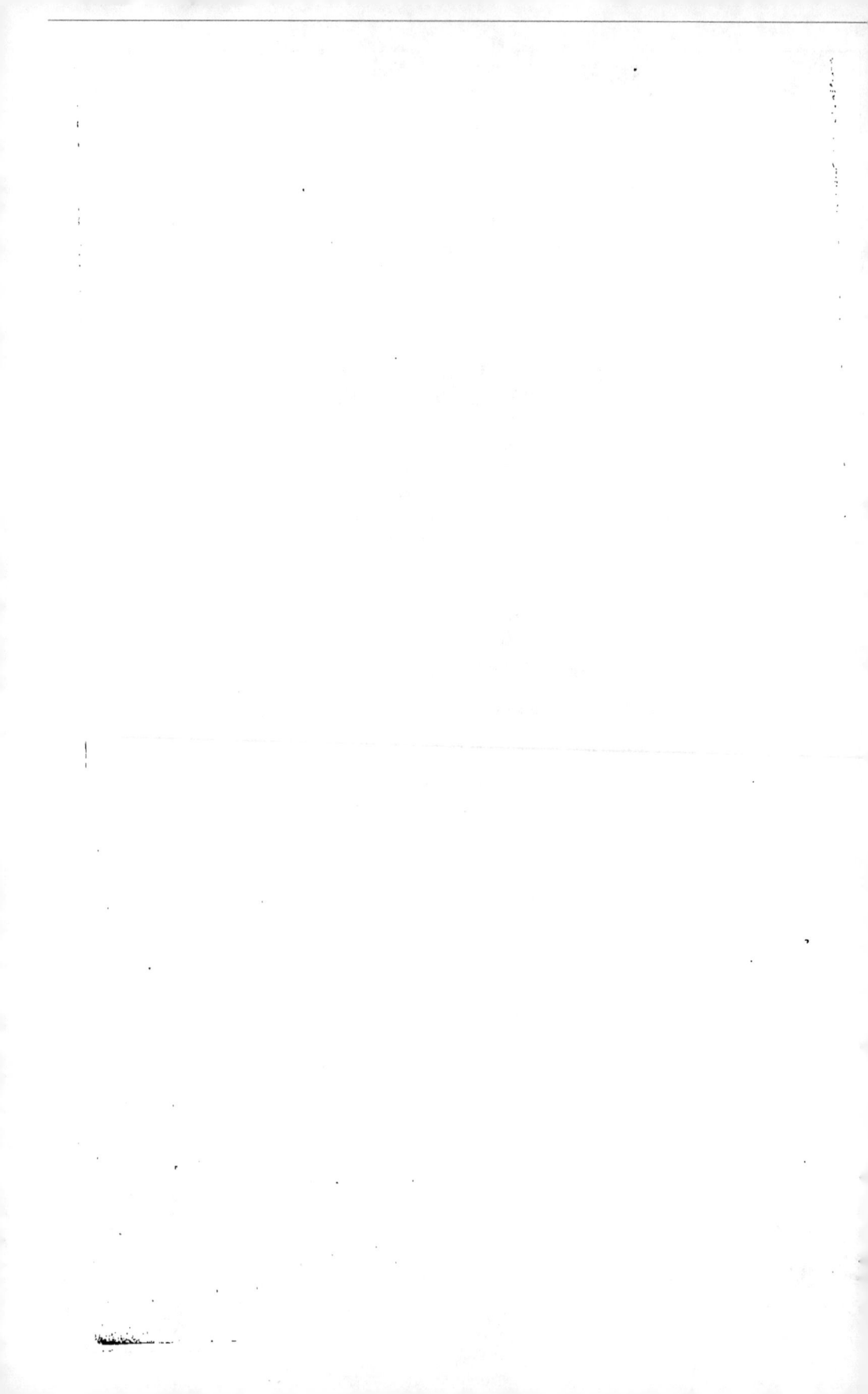

NOTICE

SUR

M. CHARLES DELACOUR

Imp. Lemercier & Cie, Paris

CHARLES DELACOUR

NOTICE

SUR

M. CHARLES DELACOUR

Juge honoraire,

Ancien Vice-Président du Bureau de Bienfaisance,

Administrateur de la Caisse d'Epargne,

Président honoraire de la Société d'Horticulture de Beauvais,

Président honoraire de la Société Académique de l'Oise,

Chevalier de la Légion-d'Honneur,

PAR

L.-E. DELADREUE,

Curé de Saint-Paul,

Membre correspondant du Ministère de l'Instruction publique,
Membre de la Société des Antiquaires de Picardie
et de la Société Académique de l'Oise, etc.

BEAUVAIS

Imprimerie D. PERE, rue Saint-Jean.

1883.

NOTICE

SUR

M. CHARLES DELACOUR

Juge honoraire,
ancien Vice-Président du Bureau de Bienfaisance,
Administrateur de la Caisse d'Epargne,
Président honoraire de la Société d'Horticulture de Beauvais,
Président honoraire de la Société Académique de l'Oise,
Chevalier de la Légion-d'Honneur.

Le onze février mil huit cent quatre-vingt-trois, la ville de
Beauvais voyait s'éteindre une existence bien digne et bien
méritante. Le trépas avait atteint un ancien magistrat aussi in-
tègre qu'éclairé, un naturaliste distingué sachant admirablement
allier la science la plus éminente avec une simplicité charmante.
Cet homme de bien, cette intelligence d'élite, c'était l'ancien
Président de la Société Académique de l'Oise, c'était le Président
honoraire de la Société d'Horticulture de Beauvais, c'était le vénérable M. Charles Delacour. Il prenait son repos, après quatre-
vingt-sept ans d'activité. Qui ne se rappelle ce beau vieillard à
la figure douce et sympathique? Qui ne l'a vu traversant lente-
ment nos rues pour aller visiter ses amis nombreux ou pour se
rendre à nos séances? Son éloge est sur toutes les lèvres. Des

voix autorisées (1) l'ont redit avec éloquence sur sa tombe, et
un savant ami (2) a retracé sa vie de botaniste dans une fort
intéressante Notice biographique (3). Une seconde biographie
paraîtrait bien superflue après cela, si la Société Académique de
l'Oise ne tenait pas à payer ce juste tribut d'hommage et de reconnaissance à l'homme honorable qui a été son Secrétaire pendant vingt-quatre ans (1847-1870), l'un de ses Vice-Présidents
pendant huit ans (1871-1878), et son Président pendant quatre
années (1879-1882). Chargé par elle de remplir cette mission dé-
licate, je vais donc essayer de retracer, le moins imparfaitement
possible, les différentes péripéties de la vie de M. Charles Delacour et de faire revivre les qualités qui le distinguaient et qui
l'ont fait honorer du monde savant.

M. Charles Delacour appartenait à l'une des anciennes et des
plus respectables familles de Beauvais. Il y naquit le 5 octobre
1795, comme la révolution commençait à s'apaiser. Il était le
quatrième fils (4) de Germer Delacour et de Marie-Suzanne-Elisa-

---

(1) M. Froment, Président du Tribunal civil de Beauvais, et M. d'Elbée
Vice-Président de la Société d'Horticulture de Beauvais.

(2) M. Rodin, Secrétaire de la Société d'Horticulture de Beauvais.

(3) Notice biographique sur M. Ch. Delacour, publiée dans le *Bulletin
de la Société d'Horticulture de Beauvais*, année 1883, fascicule du mois
de mai, p. 70-80.

(4) Germer Delacour eut neuf enfants, cinq garçons et quatre filles. Les
cinq garçons furent :

1° Stanislas, mort jeune ;

2° Louis-Stanislas-Xavier, mort à Bresles ;

3° Alexandre, né le 3 janvier 1793, qui fut longtemps conseiller muni-
cipal et adjoint de la ville de Beauvais ;

4° Charles, dont nous écrivons la vie ;

5° Germer-Edouard, né le 31 octobre 1805, qui fut secrétaire d'ambas-
sade à Stockholm, ambassadeur à Naples, puis à Constantinople.

Les quatre filles furent :

1° Marguerite-Victoire, mariée à Jacques-François Boufflers ;

2° Marie-Elisabeth-Gabrielle, née le 3 août 1787, qui épousa, le 28 octobre 1808, Louis-Charles-Stanislas Richard ;

3° Pauline-Rosalie-Justine, née le 27 décembre 1797, qui s'allia, le
14 janvier 1816, à Pierre-Victor Babinet de Rancogne ;

4° Charlotte-Elise-Rosalie, née le 6 mars 1801, morte le 5 novembre 1808.

beth Ducancel. Son père, bon bourgeois et fidèle communier, exerçait alors une profession très productive et non moins estimée, il était maître teinturier; la fortune, du reste, avait secondé son travail.

Le jeune Charles Delacour commença ses premières études à Beauvais, et fit ses humanités au collège de cette ville, alors dirigé par le vénérable abbé Guénard. Sa mère, le destinant à la magistrature, l'envoya faire son droit à Paris. Son père était mort le 21 septembre 1808 et n'avait pu voir que les débuts de ses études et assister à ses premiers succès. A Paris, pour s'initier plus pratiquement aux connaissances dont il allait avoir besoin, Charles Delacour entra comme clerc dans l'étude de M⁰ Fleury, avoué près du tribunal civil. Il y exerçait en 1815, et le 2 mai 1818 il était reçu licencié en droit. Cette distinction venant récompenser son travail ne l'empêcha pas de continuer ses soins à son étude d'avoué, et c'est là que naquit chez lui cet amour ardent des sciences naturelles, cette passion pour les plantes, qui ont fait de lui un botaniste de premier ordre. Je laisse son panégyriste et son ami, M. Rodin, raconter cette entrée dans le monde savant de notre jeune jurisconsulte :

« Un beau jour de printemps, avant de se rendre à son étude, où l'attendaient d'indigestes dossiers, il se promenait nonchalamment le long des quais de la Seine, inspectant les vitrines des bouquinistes, quand, tout à coup, ses regards tombèrent sur la *Nouvelle Flore des environs de Paris,* en deux volumes, par Mérat : il prit l'ouvrage dans le rayon où il reposait, y jeta les regards à droite et à gauche, puis par curiosité ou par conscience d'avoir écorné quelques pages, il le marchanda, l'acheta et l'emporta avec lui. Ce jour là, peu de papier timbré fut griffonné, le Code se reposa souvent, et la nouvelle emplette seule put captiver l'attention de l'étudiant en procédure.

« Ce langage scientifique et tout nouveau, ces descriptions sommaires et énigmatiques excitèrent au plus haut point sa curiosité, et, dès le lendemain, une innocente école buissonnière au bois de Boulogne lui donna une ample récolte de plantes. A son retour, il se mit à les étudier livre en main, cherchant à retrouver les caractères indiqués et oubliant les dossiers prosaïques de l'étude de son patron.

« Son esprit d'observation, sa persévérance tenace, son intelligence prompte et l'attrait qu'il trouvait à soulever le voile de l'inconnu, lui firent rapidement déchiffrer ce nouveau langage; il en posséda bientôt la clef; il se familiarisa vite avec les termes techniques. Commençant par les plantes vulgaires dont il connaissait le nom, il comparait les descriptions de l'auteur avec les organes vivants des sujets qu'il avait sous les yeux. Bientôt il découvrit lui-même les noms d'espèces, inconnues pour lui jusque-là. Il éprouva alors cette jouissance que l'on ressent à faire une découverte; il se passionna pour les plantes et pour les herborisations. Il était jeune, et à vingt-quatre ans l'imagination s'enflamme vivement. Des dossiers, des procédures, un cabinet garni de cartons sentant le tribunal, c'est si monotone et si peu poétique. Mais les fleurs, ces bijoux de la création, mais les herborisations en plein vent, sous un brillant soleil d'été, c'est bien autrement agréable. Aussi, par un beau jour du commencement de juillet de l'an 1819, son auteur favori en poche, au lieu et place du Code, le pied léger, l'esprit alerte, le cœur plein d'espérance, sans souci de l'étude, du droit, ni de son patron qu'il n'avait pas même prévenu, voilà M. Delacour parti loin de Paris. Il ne pensait pas aller bien loin, il voulait seulement explorer pendant quelques jours, dans un rayon d'une dizaine de lieues, les plaines, les vallons et les montagnes, qui devaient l'enrichir d'une flore différente de la flore du bois de Boulogne. »

Les quelques jours se prolongèrent, car les journées passaient pour lui, fécondes en richesses scientifiques, en nouvelles conquêtes, en jouissances que connaissent seuls les botanistes. Il butinait de ci et de là, à l'aventure, au caprice de ses fantaisies du moment, le plus souvent pédestrement, par hasard roulant dans les pataches de l'époque, ou gravissant, à dos de mulet, les sentiers abrupts des montagnes. De marche en marche, il fut bientôt loin des environs de Paris, et ne tarda pas à se voir aux frontières de la France. La Suisse se trouvait devant lui, il y pénétra, la parcourut, gravit ses montagnes, traversa les Alpes, avec leur flore si curieuse, et, enthousiasmé par les raretés scientifiques qu'il accumulait, il s'en fut en Italie pour compléter ses collections.

Les mois succédaient aux mois, et notre jeune et ardent explorateur marchait toujours, herborisait sans cesse. Les étiquettes de son herbier, relevées avec soin par un honorable et savant collègue, par M. Copineau, nous permettent de le suivre étape par étape. En juillet 1819, les cotes des plantes indiquent son passage à Saint-Maurice (Vosges), à La Chaudefond (Jura), à Huningue (Haut-Rhin), à Bâle (Suisse), Winthertur, le Righi, Wasen, Andermath, le Grimsel, la Handaeck, le Saint-Gothard. En août 1819, il fait sa cueillette à Lauterbrunnen, au col de Balme, à Chamounix, au Brévent, Montanvert, les Charmettes, le Saint-Bernard, le Simplon, Domo d'Ossola (Italie) et Milan. Le mois de septembre le voit à Aoste et de nouveau au mont Saint-Bernard, et le mois d'octobre en Piémont, à Vérone, à Bergame, à Mortara et à Venise. En novembre, il herborise sur la route de Bologne à Florence, puis à Florence. Le mois de décembre nous offre une lacune, M. Delacour était alors probablement à Rome et visitait ses richesses monumentales et artistiques. En janvier 1820, il était à Gaëte et au tombeau de Virgile, au Pausilippe, près de Naples. Une lacune de trois mois nous donne à penser qu'il revint alors en France, car nous le retrouvons, en mai 1820, à Lyon, à Avignon et à Marseille, et en juin à Gênes; en juillet et août au mont Baldo, qui faillit lui être si fatal, à Sarravezza, où la fréquence des citations ferait supposer qu'il a passé sa convalescence après son accident du mont Baldo; en septembre à Turin, où il fit séjour, à Aoste, à Ferrare, et en novembre 1820 à Pérouse (1). »

J'ai parlé d'un accident arrivé au mont Baldo et j'y reviens, en m'aidant des détails fournis par M. Rodin. M. Delacour explorait les sommets de la montagne, une plante rare frappe ses regards et il désire la posséder. Elle est sur le bord d'un précipice, mais qu'est-ce pour un botaniste? Il veut l'avoir et il l'aura. Notre hardi compatriote s'avance, avec précaution toutefois, et tend la main pour la cueillir, malheureusement son pied glisse et il roule dans l'abîme. Il ne fut pas tué, mais il était grièvement blessé à cette partie du corps que les pudiques Anglais n'oseraient nommer. La position était critique, M. Delacour ne pouvait se mouvoir, impossible donc de se tirer de là; personne ne l'avait vu tomber, et dans cette solitude, où ne s'aventuraient

---

(1) Note communiquée par M. Copineau.

que quelques rares touristes, qui pouvait entendre ses plaintes
et ses appels. On devinera sans peine et sans que j'aie besoin de
vous décrire sa mortelle anxiété, le monde de pensées et de ré-
flexions qui l'assaillirent. Il resta quarante heures au fond de
son précipice. Heureusement la Providence n'oublia point celui
qui admirait ses œuvres; un pauvre chevrier, courant après une
de ses chèvres follement échappée et broutant sur le bord du
gouffre, s'en vint près là et crut entendre quelques gémisse-
ment; il se pencha sur le précipice et, y plongeant le regard, y
découvrit notre malheureux blessé. Il lui cria de prendre pa-
tience et se mit à courir vers le village le plus rapproché. Il
amena du secours, et après bien des peines M. Delacour fut
hissé dehors. Des branches, abattues à coup de haches aux sa-
pins du voisinage, servirent de brancard ou plutôt de traî-
neau improvisé, et c'est sur cet équipage primitif qu'il fit sa
descente de la montagne, maugréant sans doute après les cahots
qui ne faisaient qu'aviver ses souffrances; il accepta avec une
reconnaissance bien vive l'hospitalité chez un épicier de la
pauvre bourgade.

M. Delacour resta plusieurs semaines chez ses hôtes; il y re-
cevait les soins qu'un médecin de la ville voisine lui prodiguait
avec une véritable sympathie. Et ne croyez pas que ce laps de
temps fut perdu pour la botanique, non et loin de là; pour
quelques menues pièces de monnaie, les petits chevriers du
village rapportaient au malade des brassées de fleurs, et le
pauvre alité les étudiaient dans les moments de répit que lui
laissaient et ses souffrances et ses pansements.

Survint la convalescence, et je ne vous étonnerai pas, vous
qui avez connu son extrême bienveillance, en vous disant que,
pendant l'absence de ses hôtes partis fourrager dans la montagne, les clients ne trouvaient au comptoir pour les servir que
le jeune étranger malade, et tous avaient pour lui une sincère
affection.

M. Delacour conserva toujours la plus vive reconnaissance
pour ces braves gens qui l'avaient si bien soigné pendant sa
maladie, et il sut la leur témoigner avec délicatesse, dans une
circonstance toute particulière. Plusieurs années après son accident, et devenu grave magistrat, il fit un nouveau voyage en
Italie et vint passer par ce village témoin de sa convalescence.

Par un effet du hasard assez bien réussi, il y arriva juste la veille du jour où la fille de ses bons amis allait se marier. M. Delacour sollicita l'honneur de conduire la fiancée à l'église et de participer aux frais de la noce. Sa demande fut accueillie avec joie, mais ces pauvres gens regrettaient de ne pouvoir donner à la cérémonie tout l'éclat que méritait leur hôte. L'église était loin et il fallait s'y rendre pédestrement, leur fortune ne leur permettait pas d'avoir une mule pour la mariée, comme le faisaient les heureux du monde. M. Delacour comprit leur embarras ou plutôt le devina, et, sans rien dire à personne, il courut chez un muletier du voisinage, acheta la plus belle mule blanche qu'il put y trouver, la fit richement caparaçonner et vint l'offrir à la jeune fiancée. Il prit ensuite la conduite du cortège avec ce brillant équipage des privilégiés de la fortune, et toute la population se pâmait d'admiration devant la munificence du généreux étranger.

Le *Journal des Débats* de l'époque consacra à l'odyssée de cette victime de la science un long article élogieux.

Puisque je suis en train de raconter les différents incidents de la vie de M. Delacour comme botaniste, on me permettra de citer un fait qui lui valut une intéressante amitié. C'était dans sa première grande escapade. Il était au milieu d'un bois du Forez, en quête de plantes nouvelles, quand il vit venir à lui un étranger muni aussi de l'attirail du botaniste herborisant. Nos deux excursionnistes se serrèrent la main et s'associèrent pour continuer ensemble leurs pérégrinations à travers bois et champs, pour causer de leur science favorite et pour partager la joie de leurs découvertes. A la première rencontre, l'étranger demande à M. Delacour s'il est loin de Paris, et il lui avoue que c'est le but de son voyage, mais que, depuis son débarquement en France, il se dirige vers la capitale, non par les routes les plus directes, mais à travers vallées et montagnes, bois et marais, plus soucieux des mousses et des lichens que des chemins battus. La question embarrassait fort M. Delacourt; il s'en tire en lui disant qu'il n'en sait pas plus que lui, et il lui raconte que parti de Paris pour deux ou trois jours, il avait dépassé ce temps et les limites prévues, et ignorait à quelle distance il se trouvait de son point de départ.

Cet étranger, déjà célèbre par la publication d'un grand ou-

vrage sur les mousses et les lichens, était l'illustre mycologue
Persoon, du cap de Bonne-Espérance. Cette rencontre, si origi-
nale et si imprévue, valut à notre compatriote d'être désigné
plus tard par lui pour être son exécuteur testamentaire.

On serait peut-être curieux de savoir comment fut reçu, à son
retour, par son patron notre botaniste en rupture de jurisprudence. M. Delacour était arrivé de quelques jours à Paris et se
gardait bien d'aller visiter son étude, quand le hasard, qui a
parfois ses malices, lui fit rencontrer M. Fleury : en homme
d'esprit qu'il était, M. Fleury l'arrêta en lui disant : « Heureux
de vous rencontrer, M. Delacour, je vous serai obligé de prévenir
le clerc de mon étude, qui porte votre nom, de vouloir bien
passer à la caisse toucher des appointements que ne peut cumu-
ler son successeur... » L'incident fut ainsi vidé sans trop de
désagrément.

Pendant ses longues excursions, notre jeune explorateur n'a-
bandonnait point ses spécimens de plantes après les avoir étu-
diées; il tenait à les conserver. Quelques mains de papier non
collé, achetées le plus souvent chez un épicier des villages traver-
sés, lui suffisaient pour les dessécher; au besoin, il opérait sur la
route même, en plein soleil, les cailloux du chemin lui servant
de presse. Quand son bagage floral devenait trop encombrant, il le
laissait en dépôt à l'auberge de son étape, comme pour jalonner
sa route. A son retour à Paris, après cette herborisation grand-
diose qui ne devait pas primitivement dépasser la forêt de Fon-
tainebleau et qui se termina au-delà des Alpes, M. Delacour fit
revenir par les messageries les collections semées le long de la
route, et en fit le fond, et on pourrait presque dire la totalité
de cet herbier magnifique conservé avec un soin religieux par
sa famille. Les espèces y sont représentées par des échantillons
nombreux, de provenances variées, soigneusement étiquetés et
portant le lieu et la date de la récolte, indications précieuses
pour la géographie botanique. On est émerveillé, dit M. Copineau, qui a étudié cet herbier, qu'un homme ait pu, en aussi
peu de temps, faire les courses, étudier, nommer et dessécher
une aussi colossale quantité de plantes.

Dans sa seconde herborisation, faite en 1820, à travers le midi
de la France et l'Italie, la flore déjà connue, lui donnant moins
de surprise, moins d'objet d'attention, lui permit d'étudier l'en-

tomologie. Et comme en toute science on a toujours une préfé-
rence pour un point particulier, toute sa curiosité se porta sur
la classe des hyménoptères : il s'éprit d'une véritable passion pour
ces insectes, et ses découvertes en ce genre le firent connaître
des amateurs et des savants.

On pourrait croire qu'avec un tel goût pour les sciences naturelles, M. Delacour dût abandonner la jurisprudence, il n'en
fut rien cependant. Sa première fougue passée, il se remit à
l'étude du droit et de la procédure, sans renoncer toutefois à sa
chère botanique ; elle le délassait dans ses fatigues et au milieu
des aridités du Code. Ses talents et ses qualités le firent nommer,
en 1823, juge suppléant près du tribunal civil de Beauvais, subs-
titut en 1824, juge en 1834, charger de l'Instruction en 1835 jusqu'en 1847, puis siéger comme juge jusqu'à la fin de 1865. Pendant cette carrière judiciaire, M. Delacour déploya les qualités
du véritable magistrat : jugement droit et ferme, instruction so-
lide et entretenue par un travail opiniâtre, sentiment profond
du devoir. Il attendit sur son siège ses soixante-dix ans et la loi
qui le mit en retraite. Enfant de Beauvais, il sacrifia aux goûts
simples et sédentaires qui l'y retenaient les perspectives plus
brillantes que pouvaient lui promettre ses aptitudes.

Malgré ses occupations judiciaires, il savait toujours trouver
le moyen de se livrer à ses études de prédilection, à ses délas-
sements scientifiques de botaniste, d'entomologiste et d'horti-
culteur. Souvent on le voyait se promenant dans nos champs,
un papillon piqué au chapeau et tenant à la main une plante
amie. En dehors des deux herborisations saillantes, que j'ai cru
intéressant de rappeler, on a peu de détails sur la suite de ses
excursions scientifiques. Obligé, par sa carrière, de résider dans
l'Oise, il explora tout particulièrement le département. Il fut
l'un des premiers, avec M. Graves, ce savant éminent dont notre
pays s'honore à bon droit, à dresser, si je puis parler ainsi, la
carte des richesses florales de notre beau pays. Différents de caractères, mais sympathiques par leurs goûts, qui embrassaient
toutes les sciences naturelles et même l'archéologie, ils devin-
rent des compagnons d'études et d'excursions.

En 1846, quand MM. Cosson et Germain de Saint-Pierre publiè-
rent leur excellente *Flore des environs de Paris*, ils n'hésitèrent
pas à accepter les indications de stations que leur communiqua

M. Delacour. M. Cosson entra même en relations fréquentes avec lui. Il vint dans l'Oise herboriser en sa compagnie, tantôt sur les coteaux de Neuville-Bosc et de Chavançon, tantôt aux environs de Beauvais, et c'est ensemble, dans l'une de ces excursions, qu'ils recueillirent la très rare *Cicuta virosa*, en se jetant dans l'Avelon, en face le Champ-des-Taillis (1).

Pourrais-je taire les relations de M. Delacour avec un autre savant botaniste et remarquable amateur d'horticulture de notre département, avec M. H. Daudin père, de Pouilly? Ces relations datent de longtemps. C'était en allant communiquer des échantillons de plantes et des empreintes fossiles à M. Graves, M. Daudin alla visiter le jardin intéressant que M. Delacour avait créé au faubourg Basset, à l'extrémité des murs de la préfecture. On causa horticulture et botanique, et nos deux savants se comprirent si bien et se lièrent si intimement qu'en 1828, à l'époque de son mariage avec Mlle Jourdain D'Héricourt, M. Daudin demeura chez M. Delacour pendant tout le temps des fiançailles. Plus tard ces deux amis firent un voyage par Lyon, Avignon, Montpellier, Perpignan, parcourant les Pyrénées-Orientales, et traversèrent plus d'une fois la frontière pour aller herboriser sur le sol espagnol. Après cette excursion dans les montagnes, ils gagnèrent Toulouse, où ils prirent le bateau à vapeur du canal du Midi pour se rendre à Bordeaux. Sur le pont du bateau, ils classaient leurs plantes, les étendaient pour les faire sécher, les préparaient pour les mettre à l'herbier, et si bien, disait M. Daudin dans une causerie intime, que leurs compagnons de voyage les prenaient pour des apprentis pharmaciens à la recherche de plantes médicinales (2).

On pourrait aussi rappeler les relations de M. Delacour avec M. Frion, qui a étudié la flore du canton de Chaumont; avec M. Bazin, qui a fourni de précieuses indications sur les espèces rares des environs de Breteuil et du Mesnil-Saint-Firmin ; avec M. Pillot, le chroniqueur de la forêt de Compiègne ; avec le cryp-

---

(1) Hameau de la commune de Saint-Paul, près Beauvais.

(2) M. Rodin : Notice biographique sur M. Delacour. *(Bull. de la Soc. d'Hortic. de Beauvais.)*

togamiste M. Leré; avec M. Decaisne, du Jardin des Plantes de
Paris; avec le comte Joubert; avec MM. Clarion, Lestiboudois,
Balbis, Raspail, d'Orbigny, Brongniart, Savi, qui lui a donné
toute une collection de trèfles; avec l'abbé Ravaud, qui lui a
envoyé un paquet d'*Hieracium* fort curieux; avec M. Tilliette
de Clermont-Tonnerre, qui l'accompagna dans une excursion
botanique à Abbeville, Saint-Valery et aux dunes de Saint-
Quentin-en-Tourmont; avec le russe Tscherniaiew, qui lui donna
des plantes de l'Ukraine; avec l'amiral Dumont d'Urville, qui
lui rapporta une moisson de plantes curieuses de la Grèce, de
la Tauride et des îles grecques; avec M. Hofmann, de Vienne
(Autriche), etc., etc.

L'amour de la botanique conduisit naturellement M. Delacour
à la passion de l'horticulture. Il aimait, dit son panégyriste
M. Rodin, à transplanter dans son jardin de Basset les plantes
rares recueillies dans ses herborisations. Il les soignait et les
visitait comme de vieilles connaissances, lui rappelant ses excursions; il les multipliait, mais ne se décidait à en donner qu'à
ceux qu'il savait n'être pas des profanes. Malheur au jardinier
qui touchait à ses mauvaises herbes chéries! L'arboriculture le
captivait également, mais surtout l'arboriculture fruitière : il
sacrifiait peu à l'arboriculture ornementale.

Ces connaissances scientifiques l'avaient fait admettre comme
membre de la Société d'Histoire naturelle de Paris, en 1821; de
la Société Entomologique de France, en 1839; de la Société Académique de l'Oise, lors de sa fondation, en 1847, et lui valurent
la présidence de la Société d'Horticulture de Beauvais, depuis
son origine, en 1864, jusqu'à ce que l'âge et ses infirmités lui
firent donner sa démission, en 1881.

Quoique M. Delacour eut un goût tout particulier pour les
sciences naturelles, et surtout pour la botanique, il aimait aussi
l'histoire, l'archéologie et les beaux-arts. Dans ses voyages, s'il
étudiait les plantes, il visitait avec plaisir et avec la plus grande
attention les monuments et les musées, et prenait des notes. Il
en parlait avec une sûreté d'appréciation qui dénotait un homme
tout-à-fait versé dans l'esthétique et dans l'archéologie. Aussi,
nos prédécesseurs dans la Société Académique n'ont pas hésité
à le maintenir pendant vingt-quatre ans au secrétariat de la section d'histoire et d'archéologie, et vous savez tous comment il

s'intéressait aux travaux de cette section et de quelle autorité il
jouissait en ces matières.

M. Delacour aimait peu à prendre la plume, bien qu'il joignit
à ses talents bien connus celui de littérateur. Il a cependant pu-
blié dans les *Mémoires de la Société Académique de l'Oise* un
Compte rendu de la séance publique du 26 août 1851, t. I, p. 503 ;
une *Notice sur les insectes qui attaquent plus particulièrement le
pommier*, t. I, p. 279-300, 427-478. — *Le dernier des Cassini*, t. II,
p. 67. — *Notice sur M. Fabignon, bibliothécaire-archiviste de la
Société*, t. II, p. 615. — *Sur une mouche à scie qui attaque les
feuilles du poirier, et sur une autre espèce voisine qui vit sur le
rosier*, t. II, p. 433. — *Essai sur les Bourdons observés aux environs de Paris*, t. VIII, p. 517.

Le *Bulletin de la Société d'Horticulture de Beauvais* contient
plusieurs articles de M. Delacour, entre autres un *Rapport sur
le hannetonage*, 1868, p. 217. — *La Lisette ou Coupe-Bourgeons.
Histoire d'un petit bûcheron de quelques millimètres*, 1877, p. 57.

Les journaux de la localité ont aussi souvent reproduit différents articles de notre savant botaniste.

M. Delacour avait épousé, vers 1828, Marie-Caroline Pinaire,
la fille d'un célèbre docteur en médecine d'Étampes. De cette
union naquirent trois enfants, deux filles et un garçon (1). Il
perdit sa femme le 29 septembre 1835 et resta veuf pendant
douze ans, se consolant avec ses études chéries de la solitude
de son foyer. En 1847, il contracta un nouveau mariage avec
une femme accomplie, avec Mlle Oudette-Louise Guéneau de
Mussy, la fille de l'illustre médecin de ce nom, de Paris. Deux
filles, aussi parfaites que leur mère, vinrent de cette union et

---

(1) Du mariage de M. Ch. Delacour avec Marie-Caroline Pinaire naquirent :

1° Le 8 novembre 1829, Elisabeth-Henriette Delacour, qui épousa, le
6 mars 1853, Pierre-François-Henri Ausouy, chef de bataillon de chas-
seurs ;

2° Le 21 juin 1833, Pauline-Louise-Marie Delacour, mariée, le 5 juillet
1853, à Jules-Théodore Hallouin, capitaine de cavalerie ;

3° Le 19 avril 1835, Gustave-Léopold Delacour, mort, sans être marié,
le 21 février 1844.

firent avec elle la joie et le bonheur de la dernière période de la vie de notre savant. L'aînée, Jeanne-Marie-Françoise, née le 23 juin 1848, épousa, le 27 avril 1870, M. Bernard, aujourd'hui avocat général à la cour de Grenoble, et la seconde, Henriette-Marie-Marguerite, née le 23 mars 1850, fut mariée, le 6 mai 1874, à M. Charles Gossin, avocat et ancien professeur d'agriculture du département, notre sympathique collègue. M. Delacour coula paisiblement ses derniers jours au milieu de ce doux et agréable entourage.

Homme de dévouement, il prêta jusqu'à la fin son concours à toutes les œuvres de bienfaisance et d'humanité : l'administration de la caisse d'épargne, le bureau de bienfaisance, savent avec quel désintéressement et avec quelle bienveillance il venait à leur aide. Une œuvre utile venait-elle à s'établir, il la favorisait, on pouvait en être sûr. Ainsi il professa le droit rural à l'Institut agricole de Beauvais pendant plusieurs années.

Tant de services rendus lui valurent, quoique bien tardivement, une distinction que tout le monde attendait pour lui depuis longtemps, il reçut, en 1869, la croix de la Légion-d'Honneur.

Après une existence si bien remplie, comme l'a dit avec tant d'à-propos M. le président Froment, si utile, et dont la simplicité seule égalait le mérite, devait venir l'heure du repos, de ce repos que Dieu réserve au juste et à l'homme de bien. M. Delacour la vit arriver avec ce calme que donne la conscience du devoir accompli, et la résignation qu'inspirent au chrétien sa foi et la fermeté de ses convictions religieuses. Il resta jusqu'à la fin l'homme que vous avez connu, l'homme au cœur d'or, rempli de bienveillance et d'affabilité pour tous. Une courte maladie l'enleva, le 11 février 1883, à l'affection d'une famille aimée et à la noble compagne qui l'avait entouré de tant de soins, et qui l'a si pieusement et si courageusement soutenu jusqu'au dernier moment. M. Delacour mourut en grand savant et en grand chrétien, et, selon le mot de M. d'Elbée, fidèle à Dieu et à la science.

2

www.ingramcontent.com/pod-product-compliance
Lightning Source LLC
Chambersburg PA
CBHW070802210326
41520CB00016B/4798